BETTINA MATTHAEI

FAMILIENGERICHTE UNTER 2 EURO
pro Person

FOTOGRAFIE: JULIA HOERSCH | COCO LANG

INHALT

Öffnen Sie die Klappen dieses Buches.
Dort finden Sie die wichtigsten Infos zum Thema auf einen Blick!

DAS PRINZIP:
GÜNSTIG
EINKAUFEN

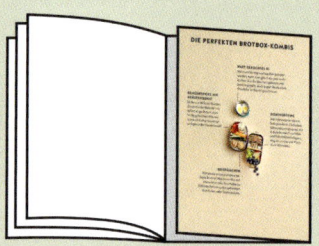

DIE PERFEKTEN
BROTBOX-
KOMBIS

Immer griffbereit:

SO GEHT'S:
SCHNELLE PASTA

Immer griffbereit:

SO GEHT'S:
GEMÜSEMUFFEL
AUSTRICKSEN

GU CLOU

Wussten Sie schon, dass ...?
Entdecken Sie bei einigen ausgewähl-
ten Rezepten ganz besondere Tipps
mit verblüffendem Insiderwissen.
Aha-Momente garantiert!

Mit diesem Symbol sind alle vegetarischen
Gerichte gekennzeichnet.

Die Backzeiten können je nach Herd variieren. Unsere Temperaturangaben beziehen
sich auf das Backen im Elektroherd mit
Ober- und Unterhitze.

REZEPTKAPITEL

06 SUPPEN & SALATE

22 HAUPTGERICHTE AUS TOPF UND PFANNE

40 REZEPTE AUS DEM OFEN

52 DESSERTS

04 DIE AUTORIN

05 ERBSENSUPPE MIT MINZE

24 COVER-REZEPT

60 REGISTER, ABKÜRZUNGSVERZEICHNIS

62 IMPRESSUM, LESERSERVICE, GARANTIE

BETTINA MATTHAEI

Das erste Kochbuch unserer Autorin hieß »Rezepte unter 1,50 €« und erschien 2003. 20 Jahre später brachten sie die aktuellen wirtschaftlichen Veränderungen erneut dazu, nicht nur günstige, sondern rundum gesunde und dabei leckere Rezepte zu entwickeln. Nach ihrem kürzlich erschienenen Buch »Rezepte unter 2 Euro« folgen hier »Familienrezepte unter 2 Euro«.

Was unterscheidet ein Familienkochbuch von anderen Kochbüchern?

Essen verbindet und festigt Familien. So kann man am Wochenende gemeinsam überlegen, was in den nächsten Tagen gekocht werden soll. Mit älteren Kindern kann man gut Prospekte nach Sonderangeboten durchsehen und ihnen eine Vorstellung vom Wert unserer Lebensmittel vermitteln.

Muss man für Kinder anders kochen?

Keineswegs! Mit »Kinderessen« entwickelt sich der Geschmack nicht weiter und man sollte Kinder so viel Neues wie möglich probieren lassen. Je vielfältiger ihre Geschmackserfahrungen sind, desto größer die Chance, dass sie sich später gesund und ausgewogen ernähren. Natürlich mögen die meisten Kinder nichts Scharfes, Herbes oder Pikantes. Deshalb gibt es im Buch Vorschläge, wie Erwachsene ihr Essen bei Tisch ganz einfach nachwürzen können.

Wie macht man Kindern Gemüse schmackhaft?

Mit ganz viel Geduld … Es gibt Studien, die sagen, dass Kinder bis zu zehnmal ein ungeliebtes Gemüse wie z. B. Brokkoli probieren müssen, bis sie den Geschmack akzeptieren oder sogar mögen. Bis dahin hilft es, immer wieder ein wenig Brokkoli unterzumogeln – Tipps dazu finden Sie ebenfalls in diesem Buch.

Kinder in der Küche?

Ja, unbedingt! Auch wenn zunächst einmal vielleicht Chaos entsteht, sollte man Kinder so früh wie möglich in die Vorbereitung des gemeinsamen Essens einbeziehen. Gemüse schälen, Käse reiben, Eier verrühren oder Nudeln abwiegen. Ganz wichtig: das Kind probieren lassen und zusammen überlegen, wie man das Essen abschmecken kann. Im nächsten Schritt dann etwas allein machen lassen, einen Obstsalat oder einen Salat aus gekochten Kartoffeln.

ERBSENSUPPE MIT MINZE

600 g TK-Erbsen mit 800 ml lauwarmer Gemüsebrühe übergießen und kurz stehen lassen.

1 kleines Bund Minze abbrausen, trocken tupfen, die Blätter abzupfen. Einige Blätter ganz lassen und beiseitelegen, den Rest grob hacken.

Alle Zutaten mit 200 g Doppelrahmfrischkäse im Mixer auf höchster Stufe feincremig pürieren. Evtl. etwas mehr Brühe zufügen. 1 Bio-Limette heiß waschen und abtrocknen, die Schale abreiben und den Saft auspressen.

Die Suppe mit Salz, Pfeffer, Limettenschale und etwas Limettensaft abschmecken und kalt oder warm genießen. Mit Minzeblättern garnieren.

SUPPEN & SALATE

08 KÜRBISSUPPE MIT KÜRBISKERN-CRUNCH

10 MINESTRONE MIT CROSTINI

11 LAUCH-KÄSE-SUPPE

13 BANANEN-KOKOS-CURRYSUPPE MIT ORANGENSAFT

14 GURKEN-KARTOFFEL-SUPPE

15 ANANAS-KÄSE-SALAT

16 ROHKOST MIT HUMMUS

18 KARTOFFEL-LINSEN-SALAT

19 RED SLAW

21 MEDITERRANER BROTSALAT MIT TOMATE UND GURKE

Für 4 Personen • 40 Min. Zubereitung • Pro Portion ca. 435 kcal, 8 g E, 28 g F, 41 g KH

KÜRBISSUPPE MIT KÜRBISKERN-CRUNCH ◖

FRUCHTIG-CREMIG MIT KNUSPER-TOPPING

150 g Zwiebeln
½ Hokkaidokürbis
   (ca. 600 g Fruchtfleisch)
1 Stück Ingwer (ca. 5 cm lang)
2 Äpfel
3 EL Olivenöl
ca. 1 l Gemüsebrühe
1 Bio-Zitrone
50 g Kürbiskerne
60 g Butter
40 g Panko (asiat. Semmelbrösel;
   ersatzweise Semmelbrösel)
Salz, Pfeffer

1 Die Zwiebeln schälen und hacken. Den Kürbis putzen, waschen und in ca. 2 cm große Stücke schneiden. Den Ingwer schälen und fein reiben. Die Äpfel waschen, mit der Schale vierteln, entkernen und in Stücke schneiden.

2 Das Öl in einem großen Topf erhitzen und die Zwiebeln darin glasig dünsten. Den Kürbis zugeben und unter Rühren anbraten. Äpfel und Ingwer hinzufügen, kurz mitbraten, dann zunächst 800 ml Brühe angießen und zum Kochen bringen. Zugedeckt ca. 20 Min. köcheln lassen.

3 Inzwischen die Zitrone heiß waschen und abtrocknen. Die Schale abreiben und den Saft auspressen. Die Kürbiskerne im Blitzhacker nicht zu fein zerkleinern. Die Butter in einer kleinen Pfanne schmelzen, bis sie schäumt. Das Panko dazugeben und unter Rühren goldbraun rösten. Herausnehmen, abkühlen, salzen, mit den Kürbiskernen und 2 TL Zitronenschale mischen.

4 Die Suppe mit dem Pürierstab fein pürieren, nach gewünschter Konsistenz mehr Brühe zugeben. Mit Salz, Pfeffer und nach Geschmack mit Zitronensaft abschmecken. Auf Teller verteilen und mit dem Topping bestreuen.

Für 4 Personen • 40 Min. Zubereitung • Pro Portion ca. 415 kcal, 17 g E, 21 g F, 36 g KH

MINESTRONE MIT CROSTINI 🌿

MEDITERRAN INSPIRIERT

2 Stangen Lauch (ca. 600 g)
½ Sellerie (ca. 500 g)
300 g Möhren
3 EL Olivenöl
2 EL Tomatenmark
1 Dose stückige Tomaten
(400 g)
1 l Gemüsebrühe
1 Stück Baguette vom Vortag
(ca. 100 g)
1 Dose weiße Bohnen
(240 g Abtropfgewicht)
Salz, Pfeffer
1 Glas Pesto Genovese (190 g)

1 Den Lauch putzen, längs halbieren und auch zwischen den Schichten gründlich waschen. Trocken tupfen und quer in ca. 1 cm breite Streifen schneiden. Sellerie und Möhren putzen, schälen und in knapp 1 cm große Würfel schneiden.

2 Das Öl in einem großen Topf erhitzen. Sellerie und Möhren darin ca. 2 Min. rührbraten, Tomatenmark zugeben und unter Rühren anrösten. Lauch und Tomaten unterrühren, die Brühe angießen. Aufkochen und zugedeckt ca. 15 Min. köcheln lassen. Inzwischen das Baguette in 8 Scheiben schneiden. In einer Pfanne ohne Fett von beiden Seiten goldbraun rösten. Herausnehmen, abkühlen lassen.

3 Die Bohnen abgießen, in die Suppe geben und erwärmen. Salzen, pfeffern und in tiefen Tellern anrichten. Die Baguettescheiben mit der Hälfte des Pestos dünn bestreichen und dazu reichen, restliches Pesto in Klecksen in die Suppe setzen.

Für 4 Personen • 40 Min. Zubereitung • Pro Portion ca. 250 kcal, 11 g E, 15 g F, 14 g KH

LAUCH-KÄSE-SUPPE

HERZHAFT

2 Stangen Lauch (ca. 550 g)
200 g mehligkochende Kar-
    toffeln
2 Knoblauchzehen
2 EL Olivenöl
ca. 1 l Gemüsebrühe
75 g mittelalter Gouda
    (am Stück)
½ Bio-Zitrone
100 g Doppelrahmfrischkäse
Salz, Pfeffer
frisch geriebene Muskatnuss
Cayennepfeffer (nach Belieben)

1 Lauch putzen, längs halbieren und auch zwischen den Schichten gründlich waschen. Einige feine Streifen abschneiden und beiseitelegen, den Rest in ca. 1 cm breite Stücke schneiden. Kartoffeln schälen, waschen und würfeln, Knoblauch schälen und grob hacken.

2 Das Öl in einem großen Topf erhitzen. Lauch und Knoblauch darin andünsten. Zunächst 800 ml Brühe angießen und aufkochen. Die Kartoffeln dazugeben und zugedeckt ca. 20 Min. köcheln. Inzwischen den Käse reiben. Die Zitrone heiß waschen und abtrocknen. 1 TL Schale abreiben und 2 TL Saft auspressen.

3 Die Suppe mit dem Pürierstab fein pürieren. Gouda und Frischkäse dazugeben, nochmals pürieren und evtl. etwas mehr Brühe zugeben. Mit Zitronenschale, Zitronensaft, Salz, Pfeffer, Muskatnuss und nach Belieben Cayennepfeffer abschmecken. Die Suppe anrichten und mit den rohen Lauchstreifen garnieren.

Für 4 Personen • 35 Min. Zubereitung • Pro Portion ca. 190 kcal, 5 g E, 6 g F, 27 g KH

BANANEN-KOKOS-CURRYSUPPE MIT ORANGENSAFT 🌿

EXOTISCH-FRUCHTIG

2 Stangen Lauch (ca. 550 g)
2 EL Kokosöl
2 TL Currypulver
500 ml Gemüsebrühe
300 ml Orangensaft
250 g reife Bananen
1 Bio-Limette
1 Dose Kokosmilch (400 g)
Salz, Pfeffer
Cayennepfeffer

1 Den Lauch putzen, längs halbieren und auch zwischen den Schichten gründlich waschen. Trocken tupfen und in 1–2 cm breite Streifen schneiden.

2 Das Kokosöl in einem großen Topf erhitzen und den Lauch darin unter Rühren ca. 2 Min. andünsten. Mit dem Currypulver bestreuen und kurz weiterdünsten. Brühe und Orangensaft angießen, aufkochen und ca. 5 Min. köcheln lassen.

3 Inzwischen die Bananen schälen. Ein paar dünne Scheiben abschneiden und zur Seite legen, den Rest in größere Stücke schneiden. Die Limette heiß waschen und abtrocknen, die Schale abreiben und den Saft auspressen. Die Kokosmilch durchrühren und ca. ein Viertel davon beiseitestellen.

4 Die übrige Kokosmilch und die Bananenstücke in die Suppe geben, kurz erhitzen, dann mit dem Pürierstab fein pürieren. Mit Limettenschale, Limettensaft, Salz, Pfeffer und Cayennepfeffer abschmecken.

5 Die Suppe in Schalen anrichten und jede Portion mit einem Viertel der beiseitegestellten Kokosmilch beträufeln. Mit den Bananenscheiben garnieren und servieren.

Für 4 Personen • 35 Min. Zubereitung • Pro Portion ca. 245 kcal, 6 g E, 16 g F, 20 g KH

GURKEN-KARTOFFEL-SUPPE 🌿

SOMMER-REZEPT

2 Salatgurken
300 g mehligkochende
   Kartoffeln
150 g Zwiebeln
2 EL Olivenöl
800 ml Gemüsebrühe
150 g Schlesische Gurken-
   happen (aus dem Glas)
125 g Doppelrahmfrischkäse
Salz, Pfeffer
Cayennepfeffer (nach Belieben)
4 Stängel Dill
100 g griechischer Joghurt

1 Die Gurken putzen, schälen, längs halbieren und entkernen. Nochmal längs halbieren, dann quer in Stückchen schneiden. Die Kartoffeln schälen, waschen und in kleine Würfel schneiden. Die Zwiebeln schälen und fein hacken

2 Das Öl in einem großen Topf erhitzen und die Zwiebeln darin glasig andünsten. Die Gurkenstücke zugeben und unter Rühren andünsten. Die Brühe angießen und aufkochen. Die Kartoffeln zugeben und zugedeckt in ca. 20 Min. garen.

3 Die abgetropften Gurkenhappen und den Frischkäse dazugeben und alles mit dem Pürierstab fein pürieren. Mit Salz, Pfeffer und Cayennepfeffer abschmecken. Nach Belieben 1–2 EL Gurkenwasser dazugeben. Den Dill abbrausen, trocken tupfen und hacken. Die Suppe in Schüsseln anrichten. Den Joghurt glatt rühren und etwas davon unter jede Portion rühren. Die Suppe mit Dill bestreuen.

Für 4 Personen • 30 Min. Zubereitung • Pro Portion ca. 410 kcal, 19 g E, 28 g F, 19 g KH

ANANAS-KÄSE-SALAT 🍃

KLASSIKER

½ frische Ananas
   (ca. 400 g Fruchtfleisch)
2 rote Paprika
1 Bund Frühlingszwiebeln
200 g mittelalter Gouda
   (am Stück)
½ Bund Petersilie (ersatzweise
   Schnittlauch)
150 g Doppelrahmfrischkäse
3 EL Mayonnaise (80 %)
1 ½ EL Apfelessig
Salz, Pfeffer
1 ½ TL Currypulver

1 Die Ananas schälen, dabei die dunklen Augen entfernen. In 1,5 cm breite Scheiben schneiden und diese ohne den Strunk würfeln. Die Paprikaschoten nach Belieben mit einem Sparschäler dünn schälen, vierteln, Trennwände und Kerne entfernen, die Viertel waschen, trocken tupfen und in 5 mm große Würfel schneiden.

2 Die Frühlingszwiebeln putzen, waschen und in Ringe schneiden. Den Käse entrinden und in ca. 1 cm große Würfel schneiden. Die Petersilie abbrausen, trocken tupfen und hacken. Alle Zutaten in einer Schüssel mischen, dabei 1 Handvoll grüne Zwiebelringe zur Seite legen.

3 Frischkäse, Mayonnaise und Apfelessig mit dem Schneebesen glatt verrühren, mit Salz, Pfeffer und Currypulver abschmecken und unter die Salatzutaten mischen. Vor dem Anrichten nochmal durchmischen und mit den beiseitegelegten Zwiebelringen bestreuen.

Für 4 Personen • 35 Min. Zubereitung • Pro Portion ca. 255 kcal, 10 g E, 14 g F, 20 g KH

ROHKOST MIT HUMMUS ◗

HEIMAT TRIFFT ORIENT

1 kleiner Blumenkohl
2 Möhren
1 Bund Frühlingszwiebeln
1 Bio-Zitrone
Salz, Pfeffer
4 EL Öl
1 Dose Kichererbsen
   (240 g Abtropfgewicht)
1 Knoblauchzehe
20 g weißes Tahin (Sesampaste)
½ TL gemahlener Kreuzkümmel
1 Msp. Cayennepfeffer

1 Den Blumenkohl in Röschen teilen und waschen. Den Strunk schälen und in Stücke schneiden. Den Blumenkohl portionsweise im Blitzhacker auf Reiskorngröße zerkleinern. Die Möhren putzen, schälen und in feine Streifen hobeln. Die Frühlingszwiebeln putzen, waschen und in schmale Ringe schneiden, ein paar grüne Ringe beiseitelegen, den Rest mit Blumenkohl und Möhren in einer Schüssel mischen.

2 Die Zitrone heiß waschen und abtrocknen. Die Schale abreiben und den Saft auspressen. 2 TL Saft für den Hummus abmessen, restlichen Saft mit Salz, Pfeffer, Zitronenschale und 3 EL Öl verrühren und über die Rohkost geben. Alles gründlich mischen.

3 Die Kichererbsen in ein Sieb abgießen, abbrausen und abtropfen lassen. Den Knoblauch schälen und grob hacken. Die Kichererbsen zusammen mit Tahin, Knoblauch, dem übrigen Öl (1 EL) und 1 EL Wasser, 2 TL Zitronensaft und Kreuzkümmel im Blitzhacker fein pürieren. Falls die Konsistenz nicht cremig genug ist, noch etwas mehr Wasser zugeben. Mit Salz, Pfeffer und Cayennepfeffer pikant abschmecken.

4 Die Rohkost auf vier Schalen verteilen, auf jede Portion einen großen Klecks Hummus setzen und diesen mit den beiseitegelegten Zwiebelringen bestreuen.

GU CLOU

Die Rohkost lässt sich wunderbar aus Gemüseresten zubereiten und immer neu variieren. Gut eignen sich Strünke von Brokkoli, Blätter von Blumenkohl, Stängel von Basilikum und Petersilie, harte Teile von Kohlrabi oder Rotkohl.

Für 4 Personen • 40 Min. Zubereitung • 30 Min. Ziehen • Pro Portion ca. 340 kcal, 11 g E, 16 g F, 37 g KH

KARTOFFEL-LINSEN-SALAT 🌿

WÜRZIGER SATTMACHER

600 g festkochende Kartoffeln
Salz
1 Dose Linsen (240 g Abtropf-
  gewicht)
1 Bund Frühlingszwiebeln
1 Apfel (z. B. Braeburn)
2 EL Apfelessig
1 EL Agavensirup
Pfeffer
1 EL mittelscharfer Senf
60 g Mayonnaise (80 %)
30 g Kürbiskerne

1 Die Kartoffeln waschen und in Salzwasser in 20–25 Minuten garen. Abgießen, ausdampfen lassen und pellen. Inzwischen die Linsen in ein Sieb abgießen, abbrausen und abtropfen lassen. Die Frühlingszwiebeln putzen, waschen und in Ringe schneiden. Den Apfel waschen und mit der Schale vierteln. Die Viertel entkernen, in Spalten schneiden und diese in Stückchen.

2 Für das Dressing den Apfelessig mit Agavensirup, Salz und Pfeffer mischen, dann den Senf und die Mayonnaise unterrühren.

3 Die Kartoffeln in ca. 1 cm große Würfel schneiden und in eine Schüssel geben. Linsen, Frühlingszwiebeln und Apfel dazugeben und alle Zutaten mischen. Das Dressing darübergießen und unterrühren. Den Salat mind. 30 Min. ziehen lassen, dabei öfter wenden. Vor dem Servieren mit den Kürbiskernen bestreuen.

Für 4 Personen • 20 Min. Zubereitung • 30 Min. Ziehen • Pro Portion ca. 330 kcal, 5 g E, 19 g F, 34 g KH

RED SLAW 🌿

FRUCHTIG MIT APFEL UND CRANBERRYS

250 ml Orangensaft
2 EL Zucker
½ kleiner Rotkohl (ca. 600 g)
Salz, Pfeffer
1 EL Delikatess-Senf
4 EL Olivenöl
75 g getr. Cranberrys
  (gezuckert)
1 roter Apfel (z. B. Braeburn)
50 g Walnusskerne
2 Frühlingszwiebeln

1 Orangensaft und Zucker in einen Topf geben, aufkochen und auf ca. 100 ml einkochen. Inzwischen den Rotkohl putzen, in feinste Streifen hobeln, salzen und mit den Händen 1 Min. kräftig kneten, damit er geschmeidiger wird (hierfür am besten Einweg-Handschuhe verwenden!). Den Orangensaft salzen, pfeffern und den Senf unterrühren. Das Öl unterschlagen und die Cranberrys dazugeben.

2 Den Apfel waschen, abtrocknen und mit der Schale in dünne Streifen hobeln. Mit dem Rotkohl in eine Schüssel geben und vermischen. Das Dressing mit den Cranberrys zugeben und alle Zutaten gründlich vermengen. Den Salat mind. 30 Min. durchziehen lassen und nochmals abschmecken.

3 Die Walnusskerne grob hacken. Die Frühlingszwiebeln putzen, waschen und in schmale Ringe schneiden. Den Salat anrichten und mit den Nüssen und den Zwiebelringen bestreuen.

Für 4 Personen • 30 Min. Zubereitung • Pro Portion ca. 330 kcal, 6 g E, 21 g F, 28 g KH

MEDITERRANER BROTSALAT MIT TOMATE UND GURKE 🍃

ITALIENISCH INSPIRIERT

2 rote Zwiebeln
Salz
800 g Kirschtomaten
1 Salatgurke
Pfeffer
50 g schwarze Oliven (entsteint)
30 g eingelegte Kapernäpfel
  (ersatzweise Kapern)
4 Stängel Basilikum
3 EL Apfelessig
6 EL Olivenöl
3 Knoblauchzehen
150 g Ciabatta vom Vortag

1 Die Zwiebeln schälen, längs halbieren und quer in schmale Streifen schneiden, salzen und bis zur Verwendung stehen lassen (so werden sie milder).

2 Die Tomaten waschen und in ca. 1 cm dicke Scheiben schneiden oder vierteln. Die Gurke waschen, längs vierteln oder achteln, dann quer in Stücke schneiden. Beides salzen und pfeffern. Die Oliven in Scheiben schneiden, die Kapernäpfel abgießen und trocken tupfen. Tomaten, Gurken, Oliven und Kapernäpfel in einer Schüssel mischen. Das Basilikum abbrausen und trocken tupfen. Die Blätter abzupfen, große Blätter zerrupfen und untermischen, kleine Blätter ganz lassen. Einige Blätter beiseitelegen.

3 Den Essig mit Salz, Pfeffer und 3 EL Olivenöl verrühren und unter das Gemüse mischen. Den Knoblauch schälen und hacken. Das Ciabatta knapp 2 cm groß würfeln und im restlichen Öl (3 EL) in 2–3 Min. goldbraun und knusprig braten. Ganz zum Schluss den gehackten Knoblauch dazugeben und mit durchschwenken.

4 Zwiebelstreifen und Ciabattawürfel unter den Salat mischen, mit den Basilikumblättchen garnieren.

HAUPTGERICHTE AUS TOPF & PFANNE

24 GNOCCHI MIT RUCOLA-PESTO UND KIRSCH-TOMATEN

26 SPINATKNÖDEL MIT PARMESAN

28 BANDNUDELN MIT MÖHREN

29 BOHNEN IN TOMATENSAUCE

30 VEGGIE-BOLOGNESE MIT PASTA

32 CHINAKOHL-ANANAS-WOK

33 TOFU-BOHNEN-CHILI

35 TOFU-PILZ-PFANNE MIT SPÄTZLE

36 KIDNEYBOHNEN-BULETTEN MIT BLATTSPINAT

38 ROTE-LINSEN-DAL

39 CURRY-REIS MIT DIP

GNOCCHI MIT RUCOLA-PESTO UND KIRSCHTOMATEN 🌿

MEDITERRANER GENUSS

50 g Rucola
2 Knoblauchzehen
½ Bio-Zitrone
40 g Parmesan (am Stück)
40 g Kürbiskerne
Salz, Pfeffer
4 EL Olivenöl
500 g Kirschtomaten
600 g Gnocchi (aus dem
 Kühlregal)

1 Den Rucola verlesen, waschen und trocken schleudern. 1 Handvoll beiseitelegen, den Rest grob hacken. Den Knoblauch schälen und grob hacken. Die Zitrone heiß waschen und abtrocknen. Die Schale abreiben und den Saft auspressen. Den Parmesan reiben.

2 Ca. 1 EL Kürbiskerne beiseitelegen, den Rest mit gehacktem Rucola und Knoblauch im Blitzhacker nicht zu fein pürieren, es sollten kleine Stückchen erkennbar sein. Die Zitronenschale und den Parmesan untermischen, salzen, pfeffern und mit etwas Zitronensaft abrunden. Zum Schluss 2 ½ EL Olivenöl untermischen, sodass man ein eher festes Pesto erhält.

3 Inzwischen Wasser in einem Topf aufkochen, dann salzen. Die Tomaten waschen, trocken tupfen und halbieren. Im restlichen Öl (1 ½ EL) bei großer Hitze ca. 3 Min. braten, mit Salz und Pfeffer würzen.

4 Gleichzeitig die Gnocchi ins kochende Wasser geben und ca. 2 Min. kochen, bis sie an die Oberfläche steigen. Abgießen, gut abtropfen lassen und sofort unter die Tomaten mischen. Das Pesto in Häufchen darauf verteilen und alles mit dem restlichen Rucola und den beiseitegelegten Kürbiskernen bestreuen.

Für 4 Personen • 55 Min. Zubereitung • 8 Std. Trocknen (oder über Nacht) • 15 Min. Quellen •
Pro Portion ca. 645 kcal, 21 g E, 42 g F, 45 g KH

SPINATKNÖDEL MIT PARMESAN 🌿

SOULFOOD VOM FEINSTEN

3 Weizenbrötchen (à 75 g; ersatz-
  weise 175 g Knödelbrot)
500 g TK-Blattspinat
1 große Zwiebel (ca. 100 g)
2 Knoblauchzehen
150 g Butter
250 ml Milch
2 Eier (M)
4 EL Mehl
Salz, Pfeffer
frisch geriebene Muskatnuss
70 g Parmesan (am Stück)

GUT ZU WISSEN

Knödelbrot gibt es über-
wiegend in Süddeutschland
fertig zu kaufen. Man kann
es auch wie oben beschrie-
ben auf Vorrat zubereiten.

1 Am Vortag die Brötchen in knapp 1 cm große Würfel schneiden, auf einem Blech oder großen Brett ausbreiten und über
Nacht trocknen lassen.

2 Den Spinat auftauen, in ein Sieb geben und mit einem
Löffelrücken kräftig auspressen. Anschließend hacken und mit
Küchenpapier übrige Feuchtigkeit ausdrücken. Zwiebel und
Knoblauch schälen und fein hacken. 25 g Butter in einer Pfanne
erhitzen, bis sie schäumt. Die Zwiebel dazugeben und glasig
andünsten. Den Knoblauch kurz mitdünsten, beides herausnehmen und abkühlen lassen.

3 Trockene Brötchenwürfel, Milch, Eier, Spinat und die Zwie-
belmischung gründlich vermengen, dabei nach und nach das
Mehl einarbeiten. Mit Salz, Pfeffer und Muskatnuss würzen. Die
Masse ca. 15 Min. stehen lassen.

4 Wasser in einem großen Topf aufkochen, dann salzen. Mit
angefeuchteten Händen 12 gleich große Knödel formen. Ins
Wasser geben, sofort die Temperatur zurückschalten und die
Knödel im leicht siedenden Wasser in ca. 15 Min. gar ziehen
lassen. Inzwischen die restliche Butter (125 g) bei großer Hitze
schmelzen, dann bei mittlerer Hitze weiterköcheln, bis der
entstandene Schaum zu Boden sinkt und die Butter eine gold-
braune Farbe annimmt. Den Parmesan reiben.

5 Jeweils 3 Knödel auf einem Teller anrichten, mit brauner
Butter beträufeln und mit Parmesan bestreuen.

Für 4 Personen • 20 Min. Zubereitung • Pro Portion ca. 530 kcal, 22 g E, 20 g F, 64 g KH

BANDNUDELN MIT MÖHREN

MIT FETA UND KÜRBISKERNEN

4 große Möhren (ca. 500 g)
½ Bund Petersilie (ersatzweise Basilikum)
Salz
300 g Tagliatelle (ersatzweise andere Bandnudeln)
3 EL Olivenöl
ca. 400 ml Gemüsebrühe
200 g Feta (z. B. Schafskäse)
Pfeffer
30 g Kürbiskerne

1 Die Möhren putzen, schälen und mit dem Sparschäler in dünnen Streifen abziehen. Die Petersilie abbrausen, trocken tupfen und hacken. Inzwischen Wasser für die Nudeln zum Kochen bringen, dann kräftig salzen.

2 Die Nudeln nach Packungsangabe al dente garen. In ein Sieb abgießen und abtropfen lassen. Gleichzeitig das Öl in einem Wok erhitzen und die Möhrenstreifen darin ca. 3 Min. rührbraten. Die abgetropften Nudeln untermischen und alles ca. 1 Min. weiterbraten.

3 Zunächst 300 ml Brühe angießen. Den Feta zerbröckeln, hinzufügen und leicht schmelzen lassen. Falls nötig, die restliche Brühe zugeben. Die Pasta salzen und pfeffern, auf Tellern anrichten und mit der Petersilie und den Kürbiskernen bestreuen.

Für 4 Personen • 30 Min. Zubereitung • Pro Portion ca. 375 kcal, 16 g E, 20 g F, 31 g KH

BOHNEN IN TOMATENSAUCE 🌿

MIT PARMESAN-KNUSPER-TOPPING

200 g Zwiebeln
4 Knoblauchzehen
6 EL Olivenöl
50 g Tomatenmark
2 Dosen stückige Tomaten
  (à 400 g)
2 TL getr. Thymian (ersatz-
  weise Oregano)
50 g Parmesan (am Stück)
½ Bund Petersilie
2 Dosen weiße Riesenbohnen
  (à 240 g Abtropfgewicht)
Salz, Pfeffer
50 g Panko (asiat. Semmel-
  brösel)

1 Zwiebeln und Knoblauch schälen und hacken. 3 EL Öl in einem Topf erhitzen und die Zwiebeln darin glasig andünsten. Den Knoblauch dazugeben und kurz mitdünsten. Tomatenmark zugeben, unter Rühren anrösten und mit 100 ml Wasser ablöschen. Tomaten und Thymian dazugeben, aufkochen und offen ca. 10 Min. köcheln.

2 Inzwischen den Parmesan nicht zu fein reiben. Die Petersilie abbrausen, trocken tupfen und hacken. Die Bohnen in ein Sieb abgießen und abtropfen lassen. In die Sauce geben und darin erhitzen. Salzen und pfeffern.

3 Das restliche Öl (3 EL) in einer Pfanne erhitzen und das Panko darin goldbraun und knusprig braten. Vom Herd nehmen, etwas abkühlen lassen und mit Petersilie und Parmesan mischen. Die Bohnen in Schüsseln oder auf Tellern anrichten und mit dem Topping bestreuen.

Für 4 Personen • 45 Min. Zubereitung • Pro Portion ca. 805 kcal, 38 g E, 18 g F, 134 g KH

VEGGIE-BOLOGNESE MIT PASTA 🌿

SO GUT WIE DAS ORIGINAL

200 g Tofu
4 EL Olivenöl
30 g Tomatenmark
Salz, Pfeffer
150 g Möhren
150 g Zwiebeln
3 Knoblauchzehen
2 TL getr. Oregano (ersatzweise
 Thymian)
2 Dosen stückige Tomaten
 (à 400 g)
300 ml Gemüsebrühe
1 Dose Linsen
 (240 g Abtropfgewicht)
300 g Spaghetti

1 Den Tofu quer halbieren und beide Scheiben zwischen Küchenpapier so fest wie möglich ausdrücken. Grob zerteilen und im Blitzhacker zu Krümeln zerkleinern. 1 EL Öl in einer Pfanne erhitzen und den Tofu darin unter Rühren ca. 5 Min. scharf anbraten. Die Hitze etwas reduzieren. Die Hälfte des Tomatenmarks einrühren und vermengen, bis der Tofu eine rötliche Farbe hat. Salzen, pfeffern und herausnehmen.

2 Die Möhren putzen, schälen, grob stückeln und im Blitzhacker zu Reiskorngröße zerkleinern. Zwiebeln und Knoblauch schälen und hacken.

3 Das übrige Öl (3 EL) in einem Topf erhitzen und die Zwiebeln darin glasig andünsten. Die Möhren dazugeben und 1 Min. mitdünsten, dann den Knoblauch kurz mitdünsten. Das restliche Tomatenmark einrühren, den Tofu und Oregano zugeben. Stückige Tomaten und Brühe angießen. Die Linsen in ein Sieb abgießen, abbrausen und untermischen. Alles aufkochen und zugedeckt ca. 15 Min. köcheln.

4 Inzwischen die Spaghetti nach Packungsangabe in kräftig gesalzenem Wasser al dente garen.

5 Die Nudeln abgießen, dabei etwas Kochwasser auffangen und falls nötig, die Bolognese damit verdünnen. Die Bolognese nochmal abschmecken und mit der Pasta anrichten.

Für 4 Personen • 35 Min. Zubereitung • Pro Portion ca. 550 kcal, 18 g E, 22 g F, 70 g KH

CHINAKOHL-ANANAS-WOK 🍃

EXOTISCH MIT ERDNUSSSAUCE

1 kleiner Chinakohl (ca. 800 g)
2 große Möhren (ca. 250 g)
½ Ananas (ca. 350 g Frucht-
fleisch)
150 g Zwiebeln
2 Knoblauchzehen
250 g Basmatireis
Salz
3 EL Kokosöl (ersatzweise
Rapsöl)
500 ml Gemüsebrühe
100 g Erdnussmus (aus dem
Glas)
Pfeffer
3 Frühlingszwiebeln

1 Chinakohl putzen, in einzelne Blätter teilen, waschen und trocken tupfen. Die Blattrippen quer in ½ cm breite Streifen schneiden. Die zarten Teile etwas zerrupfen. Möhren putzen, schälen und in feine Streifen hobeln. Ananas schälen, putzen und in kleine Stücke schneiden, die dunklen Augen entfernen. Zwiebeln schälen, längs halbieren und quer in Streifen schneiden, Knoblauch schälen und hacken. Den Reis nach Packungsanweisung in Salzwasser garen.

2 Das Kokosöl im Wok erhitzen, Zwiebeln darin glasig andünsten. Knoblauch kurz mitdünsten, Möhrenstifte und Kohlstreifen zugeben, ca. 3 Min. rührbraten. Ananas hinzufügen und 3 Min. rührbraten.

3 Brühe angießen und aufkochen. Erdnussmus einrühren. Die gezupften Blätter vom Chinakohl unterrühren und kurz garziehen lassen. Salzen und pfeffern. Frühlingszwiebeln putzen, waschen, in Ringe schneiden und darüberstreuen. Mit dem Reis servieren.

Für 4 Personen • 45 Min. Zubereitung • Pro Portion ca. 560 kcal, 24 g E, 19 g F, 73 g KH

TOFU-BOHNEN-CHILI 🍃

MIT WÜRZIGEM TOMATENREIS

400 g Tofu
4 EL Olivenöl
Salz
200 g Reis parboiled
3 Zwiebeln
2 Knoblauchzehen
½ Tube Tomatenmark (100 g)
1 Dose stückige Tomaten
  (400 g)
Pfeffer
1 Dose Mais (280 g Abtropf-
  gewicht)
1 Dose Kidneybohnen
  (240 g Abtropfgewicht)
4 Stängel Koriandergrün
  (ersatzweise Petersilie)

1 Tofu mit Küchenpapier trocken pressen und zerbröckeln. 1 ½ EL Öl in einer Pfanne stark erhitzen, den Tofu darin bei großer Hitze rührbraten, bis er Farbe annimmt. Herausnehmen und salzen.

2 Den Reis in Salzwasser in ca. 15 Min. garen. Inzwischen Zwiebeln und Knoblauch schälen und hacken. 1 ½ EL Öl erhitzen und zwei Drittel der Zwiebeln darin glasig andünsten, Knoblauch dazugeben und kurz mitdünsten. Zwei Drittel des Tomatenmarks dazugeben und kurz anrösten. Tofu und stückige Tomaten unterrühren, salzen und pfeffern. Den Mais mit Flüssigkeit zugeben. Bohnen in ein Sieb abgießen, abbrausen und untermischen, alles erhitzen.

3 Übriges Öl (1 EL) erhitzen, restliche Zwiebel darin glasig dünsten. Übriges Tomatenmark zugeben und anrösten. Reis untermischen, salzen und pfeffern. Koriander abbrausen, trocken tupfen und hacken. Das Chili mit Reis anrichten und mit Koriander bestreuen.

TOFU-PILZ-PFANNE MIT SPÄTZLE 🌿

AUS DER HEIMATKÜCHE

400 g Tofu
½ Bio-Zitrone
3 EL Sojasauce
250 g kleine Zwiebeln
3 EL Olivenöl
500 g Champignons
150 g Doppelrahmfrischkäse
500 g Eierspätzle (aus dem Kühl-
* regal)*
4 Stängel Petersilie
Salz, Pfeffer
Cayennepfeffer

1 Die Tofublöcke quer halbieren und mit Küchenpapier sehr gut ausdrücken. Ca. 1 cm groß würfeln. Die Zitrone heiß waschen und abtrocknen. Die Schale abreiben und beiseitestellen. Den Saft auspressen und mit der Sojasauce mischen. Die Tofuwürfel mit der Marinade in eine Frischhaltebox geben und beides gut mischen. Die Box mehrmals umdrehen.

2 Die Zwiebeln schälen, längs halbieren und in Streifen schneiden. 1 EL Öl in einer großen Pfanne erhitzen und die Zwiebelstreifen darin bei mittlerer Hitze glasig dünsten. Inzwischen die Champignons trocken abreiben, die Stiele knapp abschneiden oder herausdrehen, die Kappen je nach Größe halbieren, vierteln oder ganz lassen.

3 Die Zwiebeln herausnehmen, die Hitze erhöhen und die Pilze ca. 3 Min. scharf braten. Tofuwürfel abgießen, die Marinade auffangen und beiseitestellen. Tofu mit 1 EL Öl zu den Pilzen geben. 3 Min. unter häufigem Rühren braten. Die Zwiebeln zurück in die Pfanne geben. Die Marinade und 100 ml Wasser angießen und den Frischkäse einrühren. 5–6 Min. leise köcheln lassen. Gleichzeitig in einer anderen Pfanne das übrige Öl (1 EL) erhitzen und die Spätzle darin bei mittlerer Hitze unter regelmäßigem Wenden 5–6 Min. goldbraun braten.

4 Inzwischen die Petersilie abbrausen, trocken tupfen und hacken. Das Gericht mit wenig Salz, Pfeffer, Cayennepfeffer und der Zitronenschale abschmecken. Ragout und Spätzle anrichten, mit der Petersilie bestreuen.

KIDNEYBOHNEN-BULETTEN MIT BLATTSPINAT ◖

SCHÖN DEFTIG

2 Zwiebeln (ca. 150 g)
4 Knoblauchzehen
2 Möhren (ca. 150 g)
60 g zarte Haferflocken
½ Bio-Zitrone
300 g griechischer Joghurt
Salz, Pfeffer
5 EL Olivenöl
3 EL Tomatenmark
1 große Dose Kidneybohnen
   (280 g Abtropfgewicht)
600 g gehackter TK-Blattspinat

1 Zwiebeln und Knoblauch schälen und hacken. Möhren putzen, schälen, grob stückeln und im Blitzhacker zu Bulgurgröße zerkleinern, herausnehmen. Die Haferflocken im Blitzhacker zu Mehl verarbeiten. Zitrone heiß waschen und abtrocknen. 2 TL Schale abreiben und 1 TL Saft auspressen. Joghurt mit Zitronenschale und -saft glatt rühren, salzen, pfeffern und beiseitestellen. In einer Pfanne 1 ½ EL Öl erhitzen und die Hälfte der Zwiebeln darin glasig andünsten, die Hälfte vom Knoblauch kurz mitdünsten. Möhren und Tomatenmark hinzufügen und anrösten. Salzen, pfeffern und vom Herd nehmen.

2 Die Kidneybohnen in ein Sieb abgießen, abbrausen und abtropfen. In einer großen Schüssel mit dem Kartoffelstampfer zerdrücken. Haferflocken und Zwiebelmischung zugeben und alles gründlich verkneten, mit Salz und Pfeffer abschmecken. Kurz stehen lassen, bis die Mischung bindet, dann mit angefeuchteten Händen 8 gleich große Buletten formen.

3 Inzwischen 1 ½ EL Öl erhitzen, übrige Zwiebeln darin andünsten, übrigen Knoblauch kurz mitdünsten. Spinat und 3–4 EL Wasser zugeben, kurz andünsten. Alles bei mittlerer Hitze zugedeckt in 5–7 Min. garen. Salzen und pfeffern.

4 Gleichzeitig in einer großen Pfanne das restliche Öl (2 EL) erhitzen und die Buletten darin bei mittlerer Hitze von jeder Seite 3–4 Min. braten. Die Buletten mit dem Spinat anrichten. 2 EL Wasser in die Pfanne geben, den Bratsatz lösen und über den Spinat träufeln. Den Zitronen-Joghurt dazu servieren.

Für 4 Personen • 25 Min. Zubereitung • 20 Min. Garen • Pro Portion ca. 530 kcal, 24 g E, 26 g F, 49 g KH

ROTE-LINSEN-DAL 🌿

INDISCH ANGEHAUCHT

2 Zwiebeln (ca. 150 g)
3 Knoblauchzehen
1 Stück Ingwer (ca. 35 g)
250 g Möhren
250 g rote Linsen
2 EL Kokosöl
Currypulver (mild oder scharf
nach Geschmack)
1 Dose stückige Tomaten
(400 g)
ca. 700 ml Gemüsebrühe
300 g Doppelrahmfrischkäse
Salz, Pfeffer

1 Zwiebeln, Knoblauch und Ingwer schälen und hacken. Möhren putzen, schälen, grob stückeln und im Blitzhacker auf Reiskorngröße zerkleinern. Die Linsen in ein Sieb schütten und kalt abbrausen. Das Kokosöl in einem Topf erhitzen und die Zwiebeln darin glasig andünsten, Ingwer und Knoblauch hinzufügen und kurz mitdünsten.

2 Die Möhren dazugeben und ca. 2 Min. rührbraten, 2 TL Currypulver unterrühren. Linsen, Tomaten und zunächst 500 ml Brühe angießen. Aufkochen und zugedeckt bei kleiner Hitze ca. 20 Min. köcheln. Gelegentlich umrühren, bei Bedarf etwas mehr Brühe zugeben.

3 Ca. 70 g Frischkäse abnehmen und mit 2–3 TL Wasser glatt rühren. Restlichen Frischkäse (230 g) in das Dal einrühren, mit Salz, Pfeffer und evtl. mehr Currypulver abschmecken. Das Dal auf Schalen verteilen. Auf jede Portion etwas glatt gerührten Frischkäse träufeln und leicht spiralig verrühren.

Für 4 Personen • 45 Min. Zubereitung • Pro Portion ca. 535 kcal, 13 g E, 23 g F, 67 g KH

CURRY-REIS MIT DIP 🌿

EXOTISCH

1 große Zwiebel (ca. 100 g)
4 EL Kokosöl
3 TL Currypulver (mild oder
*   scharf nach Geschmack)*
300 g Reis parboiled
750 ml Gemüsebrühe
1 kleiner Blumenkohl
Salz, Pfeffer
½ Bio-Zitrone
½ Dose Kokosmilch (200 g)
100 g Doppelrahmfrischkäse
40 g Mandeln

1 Zwiebel schälen und hacken. 2 EL Kokosöl in einem Topf erhitzen und die Zwiebel darin andünsten. 2 TL Currypulver unterrühren. Reis hinzufügen und glasig andünsten. Brühe angießen, aufkochen und den Reis zugedeckt ca. 15 Min. köcheln lassen. Den Topf vom Herd nehmen und den Reis zugedeckt ca. 10 Min. nachdämpfen.

2 Inzwischen Blumenkohl waschen, trocken tupfen und in Röschen teilen. Übriges Kokosöl (2 EL) erhitzen und die Röschen darin unter Wenden in 10–12 Min. bissfest braten. Salzen und pfeffern.

3 Zitrone heiß waschen und abtrocknen, die Schale abreiben und 2 TL Saft auspressen. Kokosmilch und Frischkäse glatt rühren, mit Zitronenschale, -saft, Salz und Pfeffer abschmecken. Die Mandeln grob hacken. Reis und Blumenkohl in Schalen anrichten, das Dressing dazwischen verteilen und die Mandeln daraufstreuen. Mit dem übrigen Currypulver (1 EL) bestreuen.

REZEPTE AUS DEM OFEN

43 FLAMMKUCHEN MIT KARTOFFELN, LAUCH UND KÄSE

44 KÜRBIS MIT SATÉ-SAUCE

45 POTATO WEDGES

46 SÜSSKARTOFFEL-FETA-TALER

47 KARTOFFELN VOM BLECH

48 OFENGEMÜSE MIT KICHERERBSEN

50 QUETSCHKARTOFFELN

51 PAPRIKA MIT BULGURFÜLLUNG

FLAMMKUCHEN MIT KARTOFFELN, LAUCH UND KÄSE 🍃

KÖSTLICHER KLASSIKER

Salz
250 g festkochende Kartoffeln
2 Stangen Lauch (ca. 450 g)
30 g Butter
Pfeffer
1 rechteckiger Flammkuchenteig
  (Kühlregal, ca. 270 g)
100 g Doppelrahmfrischkäse
100 g mittelalter Gouda (am
  Stück)

UND DAZU?

Dazu passt ein Salat aus Romana und Rucola, nach Belieben mit einigen Kirschtomaten (gut für die Resteverwertung!).

1 In einem Topf Wasser für die Kartoffeln zum Kochen bringen, dann salzen. Die Kartoffeln gründlich waschen und trocken reiben. Mit der Schale in 3 mm dicke Scheiben hobeln. Ins kochende Salzwasser geben und ca. 4 Min. kochen, dann abgießen und abkühlen lassen.

2 Den Lauch putzen, längs halbieren und auch zwischen den Schichten waschen. Trocken tupfen und quer in knapp 2 cm dicke Stücke schneiden (es sollten ca. 300 g sein). Die Butter in einer Pfanne erhitzen, bis sie schäumt. Den Lauch dazugeben und ca. 2 Min. unter Rühren andünsten, salzen, pfeffern und beiseitestellen.

3 Den Ofen auf 210° Umluft (oder nach Packungsangabe) vorheizen. Den Flammkuchenteig auseinanderrollen und mit dem Trennpapier nach unten auf ein Backblech legen. Mit einem Spatel den Frischkäse daraufstreichen, dabei einen Rand von knapp 2 cm frei lassen. Die Kartoffelscheiben darauflegen und den Lauch darauf verteilen. Den Käse grob reiben und darüberstreuen. Mit etwas Pfeffer übermahlen.

4 Den Flammkuchen im Ofen (Mitte) in 12–15 Min. goldbraun und knusprig backen. Herausnehmen, in vier Stücke schneiden und sofort servieren

Für 4 Personen • 30 Min. Zubereitung • Pro Portion ca. 460 kcal, 14 g E, 19 g F, 72 g KH

KÜRBIS MIT SATÉ-SAUCE

HERBST-REZEPT

1 Hokkaidokürbis (ca. 1,6 kg)
3 EL Kokosöl
Salz, Pfeffer
3 Knoblauchzehen
30 g Ingwer
100 ml Gemüsebrühe
300 g Kokosmilch
75 g cremiges Erdnussmus
2 EL Sojasauce

1 Den Backofen auf 200° Umluft vorheizen und ein Backblech mit Backpapier belegen. Kürbis halbieren, entkernen, harte Stellen von der Schale schneiden, die Hälften waschen, trocken tupfen und in 2–3 cm breite Spalten schneiden. Auf dem Backblech verteilen und mit 2 EL flüssigem Kokosöl dünn einstreichen. Salzen, pfeffern und im heißen Ofen (Mitte) 15–17 Min. backen.

2 Inzwischen Knoblauch schälen und fein hacken. Ingwer schälen und reiben. Übriges Kokosöl (1 EL) erhitzen und den Knoblauch darin andünsten. Den Ingwer dazugeben und mitdünsten. Mit der Brühe ablöschen, die Kokosmilch einrühren und die Sauce erhitzen.

3 Das Erdnussmus dazugeben und unter Rühren darin auflösen. Die Sauce mit Sojasauce, Salz und Pfeffer abschmecken. Die Kürbisspalten aus dem Ofen holen und auf Teller verteilen. Etwas Saté-Sauce darüberträufeln und den Rest extra dazu reichen.

Für 4 Personen • 35 Min. Zubereitung • Pro Portion ca. 500 kcal, 9 g E, 27 g F, 55 g KH

POTATO WEDGES 🌿

MIT ZWEIERLEI DIPS

1,2 kg große überwiegend
    festkochende Kartoffeln
3 EL Olivenöl
Salz, Pfeffer
4 TL edelsüßes Paprikapulver
100 g Tomatenmark
20 g Zucker
2 EL + ½ TL Apfelessig
75 g Mayonnaise (80 %)
150 g griechischer Joghurt

1 Den Backofen auf 200° Umluft vorheizen und zwei Backbleche mit Backpapier belegen. Die Kartoffeln waschen, abtrocknen und längs achteln. In einer Schüssel Öl, Salz, Pfeffer und Paprika verrühren. Die Kartoffeln darin wenden, bis sie rundum mit Öl benetzt sind. Auf den Blechen verteilen.

2 Die Bleche in den Ofen schieben (Mitte und unten) und die Wedges ca. 15 Min. backen. Wenden, die Bleche tauschen und umdrehen, sodass alles gleichmäßig gart. Weitere 7–10 Min. backen, bis die Wedges außen knusprig und innen weich sind.

3 Inzwischen Tomatenmark mit 50 ml Wasser, Zucker und 2 EL Apfelessig in einem Topf unter Rühren erhitzen, bis sich der Zucker aufgelöst hat. Salzen und pfeffern. Mayonnaise, Joghurt und restlichen Apfelessig (½ TL) verrühren, salzen und pfeffern. Die Dips in Schälchen füllen und zu den Potato Wedges servieren.

Für 4 Personen • 35 Min. Zubereitung • Pro Portion ca. 555 kcal, 15 g E, 21 g F, 77 g KH

SÜSSKARTOFFEL-FETA-TALER 🌿

MIT KNUSPER-TOPPING

4 Süßkartoffeln (à 300 g)
4 EL Olivenöl
Salz, Pfeffer
2 TL edelsüßes Paprikapulver
25 g Panko (asiat. Semmel-
   brösel)
200 g Feta (z. B. Schafskäse)
½ Bund Petersilie

1 Den Backofen auf 200° vorheizen und ein Backblech mit Backpapier belegen. Die Süßkartoffeln schälen, waschen, trocken tupfen, quer in 2 cm dicke Scheiben schneiden und auf dem Blech verteilen. 2 ½ EL Öl mit Salz, Pfeffer und Paprika verrühren, die Hälfte davon auf die Scheiben streichen. Im Ofen (Mitte) ca. 10 Min. backen.

2 Inzwischen das übrige Öl (1 ½ EL) erhitzen. Das Panko dazugeben und unter Rühren goldbraun braten. Herausnehmen und abkühlen lassen. Den Feta klein zerbröckeln, die Petersilie abbrausen, trocken tupfen und hacken.

3 Die Süßkartoffeln umdrehen, mit dem restlichen Würzöl bestreichen und weitere ca. 10 Min. backen. Den Feta auf den Scheiben verteilen und ca. 5 Min. backen, bis er geschmolzen ist. Die Süßkartoffeltaler aus dem Ofen nehmen, mit Pankobröseln und Petersilie bestreuen und sofort servieren.

Für 4 Personen • 20 Min. Zubereitung • 40 Min. Backen • Pro Portion ca. 530 kcal, 19 g E, 28 g F, 49 g KH

KARTOFFELN VOM BLECH 🍃

MIT SESAM UND SENFDIP

1,2 kg längliche festkochende
  Kartoffeln
40 g geschälter Sesam
3 EL Olivenöl
Meersalzflocken
300 g Magerquark
75 g Mayonnaise (80 %)
2 EL Delikatess-Senf
½ TL gemahlene Kurkuma
  (nach Belieben)
Salz, Pfeffer
½ Pck. TK-Schnittlauch

1 Den Backofen auf 200° vorheizen und ein Backblech mit Backpapier belegen. Die Kartoffeln gründlich waschen, trocken tupfen und längs halbieren. Den Sesam auf einen Teller schütten. Die Schnittflächen der Kartoffeln mit Öl bestreichen, in den Sesam drücken und mit der Sesamschicht nach unten auf das Backblech legen.

2 Die Kartoffelhälften von oben mit einem scharfen Messer mehrfach einritzen, mit Öl bestreichen und mit Meersalzflocken bestreuen. Im heißen Ofen (Mitte) 30–40 Min. backen.

3 Inzwischen den Quark mit Mayonnaise, Senf und nach Belieben Kurkuma glatt rühren, salzen und pfeffern. Drei Viertel des TK-Schnittlauchs untermischen, den Rest auf den Dip streuen. Die Kartoffeln aus dem Ofen holen und mit der Sesamschicht nach oben auf Tellern verteilen. Den Dip dazu servieren.

OFENGEMÜSE MIT KICHERERBSEN 🌿

HERZHAFT MIT NUSSIGEM DIP

300 g kleine rote Zwiebeln
500 g Möhren
600 g kleine festkochende
  Kartoffeln
1 kleiner Blumenkohl
1 Dose Kichererbsen
  (240 g Abtropfgewicht)
4 EL Olivenöl
Salz, Pfeffer
1 Bio-Zitrone
250 g griechischer Joghurt
75 g weißes Tahin (Sesampaste)
½ Bund Petersilie
Chiliflocken (nach Belieben)

1 Den Backofen auf 200° vorheizen. Die Zwiebeln schälen und der Länge nach vierteln. Die Möhren putzen, schälen und in ca. 1 × 4 cm große Stifte schneiden. Die Kartoffeln gründlich waschen, trocken reiben und in Spalten schneiden. Den Blumenkohl putzen, waschen und in mundgerechte Röschen teilen, es sollten ca. 400 g sein. Die Kichererbsen in ein Sieb abgießen, abbrausen und abtropfen lassen.

2 Ein Backblech mit Backpapier belegen und das Gemüse darauf verteilen. Die Kichererbsen in die Lücken streuen. Alle Zutaten mit dem Öl beträufeln, salzen, pfeffern und gut mischen. Im Ofen (Mitte) ca. 45 Min. backen, zwischendurch zweimal wenden.

3 Die Zitrone heiß waschen und abtrocknen. 2 TL Schale abreiben und 4 TL Saft auspressen. Joghurt mit Tahin, Zitronensaft und Zitronenschale glatt rühren, mit Salz und Pfeffer würzen. Die Petersilie abbrausen, trocken tupfen und hacken.

4 Das Gemüse aus dem Ofen holen, mit der Petersilie und nach Belieben mit Chiliflocken bestreuen. Das Gemüse auf Teller verteilen und den Dip extra dazu servieren.

Für 4 Personen • 30 Min. Zubereitung • 20 Min. Backen • Pro Portion ca. 645 kcal, 16 g E, 47 g F, 40 g KH

QUETSCHKARTOFFELN 🌿

MIT SCHNITTLAUCH-AVOCADO-DIP

*1 kg kleine festkochende
 Kartoffeln*
Salz
1 Bio-Zitrone
2 große Avocados
Pfeffer
100 g Doppelrahmfrischkäse
200 g Magerquark
2 TL milder Senf
1 Bund Schnittlauch
4 EL Olivenöl

1 Die Kartoffeln waschen und in Salzwasser ca. 20 Min. kochen. Nach 15 Min. den Backofen auf 200° Umluft vorheizen.

2 Inzwischen die Zitrone heiß waschen und abtrocknen, die Schale abreiben und den Saft auspressen. Avocados halbieren und entkernen, das Fruchtfleisch mit 1 EL Zitronensaft zerdrücken. Salzen, pfeffern, mit Frischkäse und Quark verrühren. Mit Senf und Zitronenschale und evtl. mehr Zitronensaft abschmecken. Schnittlauch abbrausen, trocken tupfen, in Röllchen schneiden und untermischen.

3 Die Kartoffeln abgießen, kurz ausdampfen lassen und auf einem mit Backpapier belegten Blech verteilen. Mit dem Kartoffelstampfer auf ca. 1,5 cm Dicke zerdrücken. Mit dem Öl beträufeln, salzen, pfeffern und im heißen Ofen (Mitte) 20–22 Min. backen, bis sie außen goldbraun-knusprig und innen weich sind. Aus dem Ofen nehmen, auf Teller verteilen und mit dem Dip servieren.

Für 4 Personen • 20 Min. Zubereitung • 40 Min. Backen • Pro Portion ca. 475 kcal, 14 g E, 22 g F, 50 g KH

PAPRIKA MIT BULGURFÜLLUNG ◖

MEDITERRANER GENUSS

200 g Bulgur
2 Zwiebeln (ca. 150 g)
3 EL Olivenöl
2 TL Currypulver (ersatzweise
    Garam Masala)
700 ml Gemüsebrühe
60 g Walnusskerne
1 Dose stückige Tomaten
    (400 g)
100 g Tomatenmark
Salz, Pfeffer
4 rote Paprika
150 g griechischer Joghurt

1 Den Bulgur in einem Sieb abbrausen und abtropfen lassen. Zwiebeln schälen und hacken. Öl in einem Topf erhitzen und die Zwiebeln darin glasig andünsten. Currypulver dazugeben und kurz anrösten, Bulgur untermischen. 400 ml Brühe angießen, aufkochen und zugedeckt auf der ausgeschalteten Herdplatte ca. 7 Min. ausquellen lassen. Walnusskerne hacken und untermischen.

2 Stückige Tomaten, Tomatenmark und die übrige Brühe (300 ml) mit dem Pürierstab pürieren, salzen und pfeffern. Die Paprikaschoten waschen, längs halbieren, Kerne und Trennwände herauslösen.

3 Den Backofen auf 200° vorheizen. Bulgur in die Paprikahälften füllen und fest andrücken. Die Hälften in eine ofenfeste Form setzen, etwas Tomatenbrühe darübergeben, den Rest in die Form gießen. Im Ofen (Mitte) ca. 40 Min. garen, bis die Paprika weich sind. Joghurt mit Salz und Pfeffer glatt rühren und darauf verteilen.

DESSERTS

55 APRIKOSEN-POLENTA MIT DIP

56 SCHUPFNUDELN

56 FRENCH TOAST

57 KIRSCHDESSERT

57 APFEL-OMELETT

58 PANCAKES MIT BANANE

Für 4 Personen • 20 Min. Zubereitung • 20 Min. Ruhen • Pro Portion ca. 415 kcal, 8 g E, 18 g F, 54 g KH

APRIKOSEN-POLENTA MIT DIP 🍃

SEELENWÄRMER

FÜR DIE POLENTA
250 ml Milch (3,5 %)
2 EL Zucker
1 Prise Salz
100 g Polenta (Maisgrieß)
½ Bio-Zitrone
70 g getr. Aprikosen
30 g Walnusskerne

FÜR DEN DIP
100 g Doppelrahmfrischkäse
100 g griechischer Joghurt
100 g Aprikosenkonfitüre

AUSSERDEM
1 kleine Springform
 (Ø 16 oder 18 cm)
2 TL Butter

POLENTA: Die Milch mit 250 ml Wasser, dem Zucker und dem Salz aufkochen. Polenta unter Rühren einrieseln lassen und aufkochen. Die Herdplatte ausschalten und die Polenta unter zunächst ständigem Rühren quellen lassen. Sobald die Masse nicht mehr blubbert, genügt gelegentliches Rühren. Instant-Polenta ist in ca. 5 Min. fertig ausgequollen, klassische benötigt ca. 10 Min.

Inzwischen die Zitrone heiß waschen und abtrocknen. 1 TL Schale abreiben. Die getrockneten Aprikosen fein würfeln und die Walnusskerne hacken. Beides in die fertige Polenta rühren. Mit Zitronenschale und einigen Spritzern Zitronensaft abschmecken.

Eine kleine Springform (Ø 16 cm oder 18 cm) mit der Butter einfetten und die Polentamasse einfüllen. Mit einem angefeuchteten Spatel glatt streichen. In 15–20 Min. fest werden lassen.

DIP: Inzwischen Frischkäse, Joghurt und Aprikosenkonfitüre mit dem Schneebesen glatt rühren.

Den Rand der Springform vorsichtig lösen und die Polenta in Tortenstücke schneiden. Auf Teller verteilen und jedes Stück mit einem Klecks vom Dip toppen.

Für 4 Personen • 15 Min. Zubereitung •
Pro Portion ca. 450 kcal, 6 g E, 13 g F, 75 g KH

Für 4 Personen • 25 Min. Zubereitung •
Pro Portion ca. 345 kcal, 8 g E, 17 g F, 39 g KH

SCHUPFNUDELN 🌿

MIT KNUSPERBRÖSELN

2 TL Rapsöl • 500 g Schupfnudeln (Kühlregal) •
40 g Zucker • 40 g Butter • 50 g Panko (asiat.
Semmelbrösel; ersatzweise Semmelbrösel) •
1 Prise Salz • 2 Msp. Ceylonzimt • 1 Glas
Apfelmus (370 g)

1 Das Öl in einer großen Pfanne erhitzen, die
Schupfnudeln dazugeben und bei mittlerer Hitze
in ca. 6 Min. rundherum goldbraun braten.

2 Gleichzeitig in einer zweiten Pfanne den Zucker schmelzen. Die Temperatur auf knapp mitt-
lere Hitze reduzieren und die Butter zugeben.
Rühren, bis sie geschmolzen ist. Panko einstreu-
en und in 3–4 Min. unter Rühren goldbraun und
knusprig braten. Mit dem Salz und Zimt würzen.
Die Schupfnudeln mit den Bröseln bestreuen
und mit Apfelmus anrichten.

FRENCH TOAST 🌿

MIT GEDÜNSTETEN BIRNEN

1 große, reife Birne • 60 g Butter • 3 EL Ahorn-
sirup • 2 Eier (M) • 125 ml Milch • 1 Prise
Salz • 1 TL Ceylonzimt • 8 Scheiben Toastbrot •
2 EL Puderzucker

1 Die Birne schälen, vierteln, entkernen und in
schmale Spalten schneiden. 20 g Butter erhitzen, bis sie schäumt. Die Birnenspalten darin
ca. 2 Min. sanft anbraten. Mit Ahornsirup beträufeln, kurz aufkochen, dann zugedeckt bei kleiner
Hitze in 3–4 Min. weich dünsten.

2 In einem tiefen Teller Eier, Milch, Salz und
½ TL Zimt verrühren. Toastbrot entrinden und
von jeder Seite kurz in die Eiermilch drücken.
Übrige Butter (40 g) in 2 großen Pfannen erhitzen, bis sie schäumt. Toastscheiben darin pro
Seite in 2–3 Min. goldbraun braten. Puderzucker
und übrigen Zimt (½ TL) mischen, auf die heißen
Toasts streuen. Mit den Birnenspalten servieren.

Für 4 Personen • 20 Min. Zubereitung •
30 Min. Kühlen •
Pro Portion ca. 400 kcal, 6 g E, 12 g F, 65 g KH

Für 4 Personen • 25 Min. Zubereitung •
Pro Portion ca. 520 kcal, 15 g E, 26 g F, 56 g KH

KIRSCHDESSERT 🌿

MIT JOGHURT UND COOKIES

1 Glas Sauerkirschen (680 g) • 1 ½ EL Speisestärke • 6 EL Puderzucker • 4 Cookies mit Schokostückchen (à 20 g) • 200 g griechischer Joghurt • 2 EL Kakaopulver • 20 g Schokostreusel

1 Kirschen abgießen, Saft auffangen. 2 EL Saft mit Stärke verrühren, übrigen Saft in einem Topf aufkochen. Stärkemischung und 2 EL Puderzucker einrühren, 3 Min. unter Rühren sprudelnd kochen. 12 Kirschen beiseitelegen, restliche Kirschen zugeben, aufkochen, bis der Saft eindickt. Lauwarm abkühlen, auf Gläser verteilen und ca. 30 Min. in den Kühlschrank stellen.

2 Cookies zerbröckeln. Joghurt mit übrigem Puderzucker (4 EL) verrühren. In drei Viertel davon das Kakaopulver einrühren. Cookies auf das Gelee streuen, Kakao-Joghurt daraufstreichen. Auf jede Portion 1 Klecks Joghurt setzen, darauf je 3 Kirschen. Mit Schokostreuseln bestreuen.

APFEL-OMELETT 🌿

MIT ROSINEN UND HONIG

60 g Rosinen • 2 EL Zucker • 1 TL Ceylonzimt • 800 g Äpfel (z. B. Braeburn, Elstar, Jonagold) • 8 Eier • 1 Prise Salz • 100 ml Mineralwasser mit Kohlensäure • 60 g Butter • 4 EL flüssiger Honig

1 Die Rosinen in warmem Wasser einweichen und stehen lassen. Zucker mit Zimt vermischen. Die Äpfel schälen, vierteln, entkernen und in Spalten schneiden. Die Eier mit dem Salz und dem Mineralwasser verquirlen.

2 In 2 großen Pfannen je 30 g Butter erhitzen, bis sie schäumt. Apfelspalten darin bei mittlerer Hitze 2 ½ Min. braten. Inzwischen Rosinen abgießen und trocken tupfen. Äpfel wenden, mit Zimtzucker bestreuen und 2 Min. braten, die Rosinen dazwischenstreuen. Die Eiermasse darübergießen und zugedeckt bei kleiner Hitze in 3–4 Min. stocken lassen. Omeletts in Stücke schneiden, anrichten und mit Honig beträufeln.

PANCAKES MIT BANANE

NUSSIG-SCHOKOLADIG

2 Bio-Orangen
4 EL Ahornsirup
Salz
3 kleine, reife Bananen
(ca. 250 g Fruchtfleisch)
175 ml Milch (3,5 %, ersatzweise
Haferdrink)
2 EL Erdnussmus (cremig)
125 g Mehl
½ Päckchen Backpulver
30 g Kakaopulver (ungesüßt)
2 EL Kokosöl

GUT ZU WISSEN

Übrige abgeriebene Orangenschale ist ein tolles Würzmittel für Saucen, Würzbutter, Dips und Desserts. Sie hält im Kühlschrank 2 Tage. Man kann sie auch einfrieren oder trocknen.

1 Die Orangen heiß waschen und abtrocknen. Die Schale abreiben und den Saft auspressen.

2 Den Orangensaft mit 2 EL Ahornsirup und 1 kleinen Prise Salz in einen Topf geben. Einmal aufkochen und die Temperatur reduzieren. Bei gut mittlerer Hitze zu einem dicklichen Sirup einkochen, der etwa die Konsistenz von flüssigem Honig hat.

3 Inzwischen 2 Bananen schälen, grob stückeln und mit Milch, 1 EL Orangenschale, Erdnussmus, restlichem Ahornsirup (2 EL) und 1 guten Prise Salz mit dem Pürierstab pürieren. Mehl, Backpulver und Kakao in eine Schüssel sieben, dann nach und nach unter die Milch-Bananen-Mischung rühren.

4 In einer großen beschichteten Pfanne ca. ein Drittel des Kokosöls erhitzen. Pro Pancake knapp 2 EL Teig in die Pfanne setzen und rund formen. Bei mittlerer Hitze ca. 3 Min. braten. Sobald sich Bläschen an der Oberseite bilden, die Pancakes vorsichtig wenden und weitere 2–3 Min. braten. Mit dem übrigen Kokosöl und dem restlichen Teig ebenso verfahren.

5 Die fertigen Pancakes zu kleinen Stapeln anrichten. Die übrige Banane schälen und in Scheiben schneiden. Die Pancakes damit garnieren und mit dem Sirup beträufeln.

REGISTER

In diesem Buch sind alle Rezepte vegetarisch oder sogar vegan.

A

Ananas: Chinakohl-Ananas-Wok 32
Ananas-Käse-Salat 15
Apfel
  Apfel-Omelett 57
  Kartoffel-Linsen-Salat 18
  Kürbissuppe mit Kürbiskern-Crunch 8
  Red Slaw 19
Apfelmus: Schupfnudeln 56
Aprikosen-Polenta mit Dip 55
Avocado: Quetschkartoffeln 50

B

Banane: Pancakes mit Banane 58
Bananen-Kokos-Currysuppe mit Orangensaft 13
Bandnudeln mit Möhren 28
Birne: French Toast 56
Blumenkohl
  Curry-Reis mit Dip 39
  Ofengemüse mit Kichererbsen 48
  Rohkost mit Hummus 16
Bohnen in Tomatensauce 29
Bohnen, weiße: Minestrone mit Crostini 10

C

Champignons: Tofu-Pilz-Pfanne mit Spätzle 35

Chinakohl-Ananas-Wok 32
Ciabatta: Mediterraner Brotsalat mit Tomate und Gurke 21
Cranberrys: Red Slaw 19
Curry-Reis mit Dip 39

E/F

Eier
  Apfel-Omelett 57
  Spinatknödel mit Parmesan 26
Erbsensuppe mit Minze 5
Erdnussmus
  Chinakohl-Ananas-Wok 32
  Kürbis mit Saté-Sauce 44
  Pancakes mit Banane 58
Feta
  Bandnudeln mit Möhren 28
  Süßkartoffel-Feta-Taler 46
Flammkuchen mit Kartoffeln, Lauch und Käse 43
French Toast 56

G/H

Gnocchi mit Rucola-Pesto und Kirschtomaten 24
Gouda
  Ananas-Käse-Salat 15
  Flammkuchen mit Kartoffeln, Lauch und Käse 43
  Lauch-Käse-Suppe 11
Gurke: Mediterraner Brotsalat mit Tomate und Gurke 21
Gurken-Kartoffel-Suppe 14
Hokkaido
  Kürbis mit Saté-Sauce 44
  Kürbissuppe mit Kürbiskern-Crunch 8

I

Ingwer
  Kürbis mit Saté-Sauce 44
  Kürbissuppe mit Kürbiskern-Crunch 8
  Rote-Linsen-Dal 38

K

Kapernäpfel: Mediterraner Brotsalat mit Tomate und Gurke 21
Kartoffel-Linsen-Salat 18
Kartoffeln vom Blech 47
Kartoffeln
  Flammkuchen mit Kartoffeln, Lauch und Käse 43
  Gurken-Kartoffel-Suppe 14
  Lauch-Käse-Suppe 11
  Ofengemüse mit Kichererbsen 48
  Potato Wedges 45
  Quetschkartoffeln 50
Kichererbsen
  Ofengemüse mit Kichererbsen 48
  Rohkost mit Hummus 16
Kidneybohnen: Tofu-Bohnen-Chili 33
Kidneybohnen-Buletten mit Blattspinat 36
Kirschdessert 57
Kokosmilch
  Bananen-Kokos-Currysuppe mit Orangensaft 13
  Kürbis mit Saté-Sauce 44
  Kürbis mit Saté-Sauce 44
  Kürbissuppe mit Kürbiskern-Crunch 8

L

Lauch
Bananen-Kokos-Currysuppe mit Orangensaft 13
Flammkuchen mit Kartoffeln, Lauch und Käse 43
Minestrone mit Crostini 10
Lauch-Käse-Suppe 11
Linsen
Kartoffel-Linsen-Salat 18
Rote-Linsen-Dal 38
Veggie-Bolognese mit Pasta 30

M

Mais: Tofu-Bohnen-Chili 33
Mandeln: Curry-Reis mit Dip 39
Mediterraner Brotsalat mit Tomate und Gurke 21
Minestrone mit Crostini 10
Möhren
Bandnudeln mit Möhren 28
Chinakohl-Ananas-Wok 32
Kidneybohnen-Buletten mit Blattspinat 36
Minestrone mit Crostini 10
Ofengemüse mit Kichererbsen 48
Rohkost mit Hummus 16
Rote-Linsen-Dal 38
Veggie-Bolognese mit Pasta 30

O/P

Ofengemüse mit Kichererbsen 48
Pancakes mit Banane 58
Paprika mit Bulgurfüllung 51

Paprika: Ananas-Käse-Salat 15
Parmesan
Bohnen in Tomatensauce 29
Gnocchi mit Rucola-Pesto und Kirschtomaten 24
Spinatknödel mit Parmesan 26
Polenta: Aprikosen-Polenta mit Dip 55
Potato Wedges 45

Q/R

Quetschkartoffeln 50
Red Slaw 19
Reis
Chinakohl-Ananas-Wok 32
Curry-Reis mit Dip 39
Tofu-Bohnen-Chili 33
Rohkost mit Hummus 16
Rote-Linsen-Dal 38
Rotkohl: Red Slaw 19

S

Schupfnudeln 56
Spätzle: Tofu-Pilz-Pfanne mit Spätzle 35
Spinat: Kidneybohnen-Buletten mit Blattspinat 36
Spinatknödel mit Parmesan 26
Süßkartoffel-Feta-Taler 46

T

Tahin
Ofengemüse mit Kichererbsen 48
Rohkost mit Hummus 16

Toast: French Toast 56
Tofu: Veggie-Bolognese mit Pasta 30
Tofu-Bohnen-Chili 33
Tofu-Pilz-Pfanne mit Spätzle 35
Tomaten
Bohnen in Tomatensauce 29
Gnocchi mit Rucola-Pesto und Kirschtomaten 24
Mediterraner Brotsalat mit Tomate und Gurke 21
Minestrone mit Crostini 10
Paprika mit Bulgurfüllung 51
Rote-Linsen-Dal 38
Tofu-Bohnen-Chili 33
Veggie-Bolognese mit Pasta 30

V

Veggie-Bolognese mit Pasta 30

Abkürzungsverzeichnis:
E = Eiweiß
EL = Esslöffel (gestrichen)
F = Fett
kcal = Kilokalorien
KH = Kohlenhydrate
Msp. = Messerspitze
Pck. = Päckchen
TK = Tiefkühl
TL = Teelöffel (gestrichen)
Ø = Durchmesser

LIEBE LESERINNEN UND LESER,

wir wollen Ihnen mit diesem Buch Informationen und Anregungen geben, um Ihnen das Leben zu erleichtern oder Sie zu inspirieren, Neues auszuprobieren. Wir achten bei der Erstellung unserer Bücher auf Aktualität und stellen höchste Ansprüche an Inhalt und Gestaltung. Alle Anleitungen und Rezepte werden von unseren Autoren, jeweils Experten auf ihren Gebieten, gewissenhaft erstellt und von unseren Redakteur*innen mit größter Sorgfalt ausgewählt und geprüft.

Haben wir Ihre Erwartungen erfüllt? Sind Sie mit diesem Buch und seinen Inhalten zufrieden? Wir freuen uns auf Ihre Rückmeldung. Und wir freuen uns, wenn Sie diesen Titel weiterempfehlen, in Ihrem Freundeskreis oder bei Ihrem Online-Kauf.

Sollten wir Ihre Erwartungen gar nicht erfüllt haben, tauschen wir Ihnen Ihr Buch jederzeit gegen ein gleichwertiges zum gleichen oder ähnlichen Thema um.

KONTAKT ZUM LESERSERVICE

GRÄFE UND UNZER VERLAG
Grillparzerstraße 12
81675 München
www.gu.de

IMPRESSUM

© 2023 GRÄFE UND UNZER VERLAG GmbH, Postfach 860366, 81630 München

GU ist eine eingetragene Marke der GRÄFE UND UNZER VERLAG GmbH, www.gu.de

ISBN 978-3-8338-9074-1
1. Auflage 2023

Projektleitung: Monika Greiner
Lektorat: Katharina Lisson
Korrektorat: Waltraud Schmidt
Gesamtgestaltung: independent Medien-Desgin, München
Umschlaggestaltung: ki36 Editorial Design, Sabine Krohberger, München
Herstellung: Gloria Schlayer
Satz: Eberl & Koesel Studio GmbH
Reproduktion: medienprinzen GmbH
Druck und Bindung: Firmengruppe APPL, aprinta druck, Wemding
Printed in Germany

Bildnachweis:

Julia Hoersch: S. 06-59 und Stepfotos auf den Klappen
Coco Lang: S. 01, 05 und Stillleben auf den Klappen
Jan C. Brettschneider: Cover
Nicole Keller: S. 04 Autorenfoto

Umwelthinweis:

Nachhaltigkeit ist uns sehr wichtig. Der Rohstoff Papier ist in der Buchproduktion hierfür von entscheidender Bedeutung. Daher ist dieses Buch auf PEFC-zertifiziertem Papier gedruckt. PEFC garantiert, dass ökologische, soziale und ökonomische Aspekte in der Verarbeitungskette unabhängig überwacht werden und lückenlos nachvollziehbar sind.

Syndication: www.seasons.agency

Die GU-Homepage finden Sie unter www.gu.de

Der FEINSCHMECKER-SHOP und GU möchten Sie kulinarisch verführen

Wenn Sie Essen und Kochen lieben und Ihnen Qualität und Genuss am Herzen liegen, sind Sie bei uns richtig. Entdecken Sie die Welt der kulinarischen Köstlichkeiten in unserem Online-Shop – mit dem **15-Euro-Geschenkgutschein** von Der FEINSCHMECKER-SHOP und GU. Ohne Aufwand Favoriten bequem nach Hause bestellen und genießen!

Werde Teil unserer GU Community und sichere dir deinen Gutscheincode. Mehr Infos unter **www.gu.de/feinschmecker-shop**

~ *Feinste Pasteten aus französischen Traditionsmanufakturen*
~ *Saftiger spanischer Angelfisch aus nachhaltigem Fang*
~ *Ausgezeichnete internationale Essige und Öle*
~ *Elegante Spitzenweine aus erstklassigen Lagen*
~ *Handgemachte Süßigkeiten mit Geschichte & Charakter*
~ *Schokoladiger Kaffee und kräftiger Espresso*
~ *Klassische und moderne Küchengeräte legendärer Marken*

DER FEINSCHMECKER-SHOP
15 €*
Gutschein

*Bei einem Bestellwert ab 30 €.

Bettina Matthaei

Die Autorin

ist eine gefragte Autorin mit den Schwerpunkten Gewürze und gesunde Küche. Im GRÄFE UND UNZER VERLAG sind bereits viele sehr erfolgreiche Titel erschienen. Für dieses Buch hat sie wieder preiswerte Rezepte entwickelt, diesmal für die Familie – kreativ, lecker und gesund und unter 2 € pro Portion.

Julia Hoersch

Die Fotografin

ist eine vielfach ausgezeichnete Foodfotografin. Mit Katja Baum (Foodstyling) und Christine Mähler (Requisite) hat sie in ihrem Fotostudio in Hamburg die bunten Familienrezepte wunderbar in Szene gesetzt.